AF209622

Impresión y editorial: BoD – Books on Demand
info@bod.com.es – www.bod.com.es
Impreso en Alemania – Printed in Germany
ISBN: 9788411230216

¿CUÁNTO SABES

DEL

ATLETI ?

1 EL 23/11/1947 SE DIO LA MAYOR GOLEADA DEL ATLÉTI-
CO DE MADRID SOBRE EL REAL MADRID. ¿CUÁL FUE EL RE-
SULTADO?

A - 4-1.

B - 5-0.

C - 6-0.

2 ¿QUIÉN HA ENTRENADO AL PRIMER EQUIPO EN QUINCE
TEMPORADAS DIFERENTES?

A - GREGORIO MANZANO.

B - RADOMIR ANTIC.

C - LUIS ARAGONÉS.

3 ¿EN QUÉ AÑO SE FUNDÓ EL CLUB ATLÉTICO DE
MADRID?

A - 1902.

B - 1903.

C - 1912.

4 ¿CUÁL ERA EL APODO DE JOSÉ EULOGIO GÁRATE?

A - EL INGENIERO DEL ÁREA.

B - LA FLECHA ROJA.

C - HURACÁN.

5 DESPUÉS DE CADA GOL, ANTOINE GRIEZMANN HA HECHO FAMOSA UNA CELEBRACIÓN ¿CUÁL ES?

A - IMITA A UN ORANGUTÁN.

B - DA UNA VOLTERETA HACIA ATRÁS.

C - IMITA EL BAILE DEL RAPERO CANADIENSE DRAKE.

6 FERNANDO TORRES IBA PARA PORTERO PERO LE DIERON UN BALONAZO EN LA CARA POR EL QUE SE LE CAYERON DOS DIENTES Y DECIDIÓ CAMBIAR DE POSICIÓN.

A - VERDADERO.

B - FALSO.

7 LUIS ARAGONÉS TENIA FOBIA A UN COLOR, ¿CUÁL ERA?

A - EL AMARILLO.

B - EL VERDE.

C - EL ROSA.

8 ¿CONTRA QUÉ EQUIPO GANÓ EL ATLÉTICO LA COPA IN-TERCONTINENTAL?

A - BOCA JUNIORS.

B - RIVER PLATE.

C - INDEPENDIENTE.

9 ¿QUÉ JUGADOR ROJIBLANCO NO MARCÓ EN LA FINAL DE LA EUROPA LEAGUE 2012?

A - ARDA TURÁN.

B - DIEGO.

C - FALCAO.

10 ¿QUÉ MARCA NUNCA HA VESTIDO EL ATLÉTICO?

A - UMBRO.

B - ADIDAS.

C - PUMA.

11 ¿QUIÉN HA LUCIDO MÁS VECES EL BRAZALETE DE CAPITÁN?

A - ADELARDO.

B - LUIS ARAGONÉS.

C - FERNANDO TORRES.

12 ¿EN QUÉ TEMPORADA GANÓ EL ATLÉTICO SU PRIMERA LIGA?

A - 1939-1940.

B - 1940-1941.

C - 1949-1950.

13 ¿QUÉ DIMENSIONES TIENE EL WANDA METROPOLITANO?

A – 115 × 78 M.

B – 155 × 88 M.

C – 105 × 68 M.

14 ¿DE QUÉ EQUIPO VINO PROCEDENTE RADAMEL FALCAO?

A – FC PORTO.

B – JUVENTUS.

C – BENFICA.

15 ¿CUÁL FUE EL RESULTADO DEL PRIMER DERBI LIGUERO EN CAMPO ROJIBLANCO?

A – 1-1.

B – 3-0.

C – 0-3.

16 ¿QUIÉN FUE EL PRESIDENTE DE HONOR EN EL CENTENARIO DEL CLUB EN EL AÑO 2003?

A - EL REY JUAN CARLOS I.

B - EL ENTONCES PRÍNCIPE DE ASTURIAS, DON FELIPE.

C - LUIS ARAGONÉS.

17 ¿CON QUÉ EDAD DEBUTÓ FERNANDO TORRES CON EL PRIMER EQUIPO DEL ATLETI?

A - 17 AÑOS.

B - 15 AÑOS

C - 16 AÑOS.

18 ¿CUÁL FUE EL ÚLTIMO PARTIDO OFICIAL DEL ATLETI EN LA HISTORIA DEL VICENTE CALDERÓN?

A - CONTRA EL REAL MADRID.

B - CONTRA EL ATHLETIC DE BILBAO.

C - CONTRA EL FC BARCELONA.

19 ¿CUÁNTOS PARTIDOS DISPUTÓ ADELARDO RODRÍGUEZ PARA SER EL JUGADOR CON MÁS PARTIDOS EN LA HISTORIA DEL ATLETI?

A – 550.

B – 450.

C – 650.

20 ¿CUÁL ES LA NACIONALIDAD DE SANTIAGO ARIAS NARANJO?

A – BRASILEÑA.

B – COLOMBIANA.

C – ARGENTINA.

21 ¿ANTE QUIÉN SE GANÓ EL SEGUNDO TÍTULO DE LA UEFA EUROPA LEAGUE?

A – VALENCIA CF.

B – FC BARCELONA.

C – ATHLETIC DE BILBAO.

"Mi mayor orgullo ha sido defender la camiseta del Atleti. Lo más importante, es poder decir que he cumplido con mi deber".

Adelardo Rodríguez.

22 ¿CUÁNDO SE ESTRENÓ LA CAMISETA ROJIBLANCA?

A - EL 18 DE FEBRERO DE 1912.

B - EL 22 DE ENERO DE 1911.

C - EL 8 DE ABRIL DE 1926.

23 ¿A QUÉ EQUIPO HA GANADO MÁS VECES EL ATLÉTICO EN LIGA? (A FECHA 2023)

A - AL BETIS.

B - AL CELTA.

C - AL ESPANYOL.

24 ¿QUÉ JUGADOR HA METIDO MÁS GOLES CON LA CAMISETA DEL ATLÉTICO?

A - FERNANDO TORRES.

B - LUIS ARAGONÉS.

C - ESCUDERO.

25 ¿QUIÉN FUE EL PORTERO TITULAR EN LA EXITOSA FINAL DE LA LIGA EUROPA DE LA UEFA 2017-18?

A - JAN OBLAK.

B - DE GEA.

C - ASENJO.

26 ¿CUÁL ES LA MÁXIMA PUNTUACIÓN HISTÓRICA DEL ATLÉTICO EN LIGA? (A FECHA 2023)

A - 88 PUNTOS.

B - 95 PUNTOS.

C - 90 PUNTOS.

27 ¿CUÁNDO NACIÓ ÁLVARO MORATA?

A - 23 DE OCTUBRE DE 1982.

B - 23 DE OCTUBRE DE 1992.

C - 13 DE NOVIEMBRE DE 1992.

28 ¿CUÁNTOS GOLES MARCÓ LUIS EDMUNDO PEREIRA A LO LARGO DE LOS 143 PARTIDOS QUE JUGÓ COMO ROJI-BLANCO?

A - 14 GOLES.

B - 23 GOLES.

C - 8 GOLES.

29 ¿CUÁNTOS AÑOS ESTUVO LUIS ARAGONÉS COMO JUGADOR DEL ATLÉTICO DE MADRID?

A - 5 AÑOS.

B - 10 AÑOS.

C - 15 AÑOS.

30 ¿Y CUÁNTOS TÍTULOS DE LIGA GANÓ EN ESE TIEMPO?

A - 3 TÍTULOS DE LIGA.

B - 5 TÍTULOS DE LIGA.

C - 2 TÍTULOS DE LIGA.

31 ¿EN QUÉ FECHA SE GANÓ LA TERCERA EUROPA LEAGUE?

A - 16 MAYO 2019.

B - 16 MAYO 2015.

C - 16 MAYO 2018.

32 ¿EN QUÉ AÑO SE INAUGURÓ EL WANDA METROPOLITANO?

A - EN 2016.

B - EN 2017.

C - EN 2018.

33 EL ATLÉTICO DE MADRID HA GANADO TODAS LAS COMPETICIONES DE CLUBES POSIBLES QUE HA DISPUTADO.

A - VERDADERO.

B - FALSO.

34 ¿CÓMO SE LLAMA LA LA MASCOTA DEL ATLÉTICO DE MADRID?

A - MIMI.

B - NIDI.

C - INDI.

35 ¿QUÉ ANIMAL REPRESENTA LA MASCOTA DEL ATLÉTICO DE MADRID?

A - UNA ARDILLA.

B - UN MAPACHE.

C - UN PUMA.

36 ¿EN QUÉ POSICIÓN JUGABA ÁNGEL MARTÍN CORREA MARTÍNEZ?

A - DEFENSA.

B - CENTROCAMPISTA.

C - DELANTERO.

"O ganamos,
o morimos
ganando".

Diego Pablo Simeone.

37 ¿CUÁNTAS COPAS DEL REY GANÓ SCHUSTER CON EL ATLÉTICO DE MADRID?

A - UNA.

B - NINGUNA.

C - DOS.

38 ¿EN QUÉ AÑO DEBUTÓ DIEGO COSTA CON LA SELECCIÓN ESPAÑOLA DE FÚTBOL?

A - 2014.

B - NO HA JUGADO NUNCA CON LA SELECCIÓN ESPAÑOLA.

C - 2012.

39 ¿QUIÉN ES EL FUTBOLISTA EXTRANJERO QUE MÁS PARTIDOS HA JUGADO CON LA ROJIBLANCA? (A FECHA 2023)

A - GODÍN.

B - JAN OBLAK.

C - FUTRE.

40 ¿QUIÉN METIÓ EL ÚLTIMO GOL DE LA TEMPORADA DEL DOBLETE?

A - SIMEONE.

B - PANTIC.

C - KIKO.

41 ¿QUIÉN FUE EL RIVAL DEL ATLÉTICO EN LA FINAL DE LA COPA DE EUROPA EN 1973-74?

A - BAYERN MUNICH.

B - JUVENTUS.

C - AJAX.

42 ¿Y QUIÉN FUE SU RIVAL EN LA FINAL DE LA UEFA CHAMPIONS LEAGUE EN EL 2014?

A - MANCHESTER UNITED.

B - REAL MADRID.

C - FC BARCELONA.

43 ¿QUÉ NACIONALIDAD TIENE SIME VRSALJKO?

A - CROATA.

B - BÚLGARA.

C - RUSA.

44 FERNANDO TORRES DESCUBRIÓ QUE SU PASIÓN ERA EL FÚTBOL GRACIAS A:

A - LA PELÍCULA EVASIÓN O VICTORIA.

B - LOS DIBUJOS ANIMADOS OLIVER Y BENJI.

C - UNA VISITA AL ESTADIO VICENTE CALDERÓN.

45 ¿CON CUÁL DE ESTOS MOTES NO SE CONOCÍA A LUIS ARAGONÉS?

A - EL ZAPATONES.

B - EL GENIO DEL CALDERÓN.

C - EL SABIO DE HORTALEZA.

46 ¿HA GANADO ALGUNA VEZ EL ATLÉTICO DE MADRID LA RECOPA DE EUROPA?

A - SÍ.

B - NO.

47 ¿QUIÉN MARCÓ EL ÚNICO GOL DE LOS COLCHONEROS EN LA FINAL DE LA CHAMPIONS DEL 2014?

A - ARDA TURAN.

B - DIEGO GODÍN.

C - RAÚL GARCÍA.

48 ¿EN QUÉ POSICIÓN JUGABA MIGUEL FIFE?

A - DELANTERO.

B - DEFENSA.

C - PORTERO.

49 ¿CUÁL ES EL SOBRENOMBRE DE ANTOINE GRIEZMANN?

A - EL RUBITO.

B - EL PRINCIPITO.

C - EL PEQUEÑO RUISEÑOR.

50 EL ATLÉTICO DISPUTÓ SU PARTIDO 2000 EL DÍA 02-05-1999 ¿CONTRA QUIÉN?

A - ATHLETIC DE BILBAO.

B - FC BARCELONA.

C - BETIS.

51 ADELARDO «COMECOCOS» RODRÍGUEZ MILITÓ EN EL CLUB DE:

A - 1949 A 1966.

B - 1959 A 1976.

C - 1969 A 1986.

52 ¿QUÉ CAPACIDAD TIENE EL WANDA METROPOLITANO?

A - 78.456.

B - 98.456.

C - 68.456.

53 ¿CUÁNDO NACIÓ LUIS ARAGONÉS?

A - 28 DE JULIO DE 1938.

B - 28 DE JULIO DE 1928.

C - 28 DE JULIO DE 1948.

54 ¿QUÉ DORSAL VISTE ÁLVARO MORATA?

A - EL 7.

B - EL 8

C - EL 9.

55 ¿CUÁNTOS GOLES MARCÓ MANOLO SÁNCHEZ DELGADO EN LA TEMPORADA 1991/92 PARA LOGRAR SER PICHICHI?

A – 38.

B – 27.

C – 42.

56 ¿EN QUÉ AÑO LLEGÓ DIEGO SIMEONE AL BANQUILLO COLCHONERO?

A – 2011.

B – 2010.

C – 2012.

57 ¿QUIÉN ERA EL DIRECTOR TÉCNICO ANTES DE LA LLEGADA DE SIMEONE?

A – ABEL RESINO.

B – GREGORIO MANZANO.

C – JAVIER AGUIRRE.

58 ¿QUIÉN DISPUTÓ MÁS DERBIS EN TODAS LAS COMPETICIONES CON LA CAMISETA RIVAL, COURTOIS CON EL ATLÉTICO O MORATA CON EL MADRID?

A - COURTOIS.

B - MORATA.

C - JUGARON LOS MISMOS PARTIDOS.

59 SIMEONE Y ZIDANE SE HAN ENFRENTADO EN DERBIS COMO JUGADORES Y ENTRENADORES. ¿EN QUÉ CONDICIÓN SE HAN VISTO MÁS VECES LAS CARAS?

A - COMO JUGADORES.

B - COMO ENTRENADORES.

C - LAS MISMAS COMO JUGADORES Y ENTRENADORES.

60 ¿QUÉ JUGADOR NO HA MARCADO NUNCA AL BARÇA?

A - NIKOLAIDIS.

B - KEZMAN.

C - SALVA BALLESTA.

61 ¿QUÉ JUGADOR DEBUTÓ COMO PROFESIONAL EN UN ATLÉTICO DE MADRID – FC BARCELONA?

A - SAÚL ÑÍGUEZ.

B - KOKE RESURRECIÓN.

C - XAVI HERNÁNDEZ.

62 ¿QUIÉN FUE EL MÁXIMO GOLEADOR EL AÑO DEL DOBLETE?

A - LUBO PENEV.

B - CHRISTIAN VIERI.

C - KIKO NARVÁEZ.

63 ¿CUÁL DE ESTAS ACCIONES NO HA OCURRIDO NUNCA EN UN PARTIDO ENTRE ATLÉTICO Y BARÇA?

A - UN JUGADOR LE TIRA UNA BOTA A LA CABEZA AL LINIER.

B - UN EQUIPO SE HA PRESENTADO SIN ENTRENADOR.

C - SE SUSPENDE EL PARTIDO EN EL MINUTO 70.

64 ¿ EN QUÉ TEMPORADA DESCENDIÓ EL ATLÉTICO DE MADRID A SEGUNDA DIVISIÓN?

A – 1997/1998.

B – 1994/1995.

C – 1999/2000.

65 ¿Y EN QUÉ AÑO REGRESÓ A PRIMERA DIVISIÓN?

A – 2002.

B – 2003.

C – 2001.

66 ¿QUÉ NOMBRE RECIBIÓ EL GRUPO DE JUGADORES JUN-COSA, VIDAL, SILVA, CAMPOS Y ESCUDERO?

A – LOS CINCO MAGNÍFICOS.

B – LA DELANTERA DE SEDA.

C – LOS QUINTILLIZOS.

"Las finales no se juegan, se ganan".

Luis Aragonés.

67 ¿QUIÉN LE DIO LA ASISTENCIA A FERNANDO TORRES EN EL GOL ANTE ALEMANIA EN LA FINAL DE 2008?

A - INIESTA.

B - VILLA.

C - XAVI.

68 ¿A QUIÉN LE METIÓ FERNANDO TORRES SU ÚLTIMO GOL COMO ATLÉTICO?

A - AL EIBAR.

B - AL ESPANYOL.

C - AL ALAVÉS.

69 ¿EN QUÉ MINUTO MARCÓ RAMOS EL GOL QUE DIO AL MADRID LA DÉCIMA Y QUITÓ AL ATLÉTICO LA PRIMERA?

A - 92.

B - 93.

C - 90.

70 ¿DE QUÉ COLOR ERA LA PRIMERA EQUIPACIÓN QUE TUVO EL ATLETI?

A - AZUL Y ROJA.

B - AZUL Y BLANCA.

C - BLANCA Y ROJA.

71 ¿QUÉ JUGADOR ANOTÓ EL GOL NÚMERO 4000 EN LIGA DEL ATLETI?

A - KUN AGÜERO.

B - DIEGO FORLÁN.

C - SIMÃO SABROSA.

72 ¿QUÉ JUGADOR DEL ATLETI HA DISPUTADO MÁS PARTIDOS CON LA SELECCIÓN ESPAÑOLA?

A - ABEL RESINO.

B - FERNANDO TORRES.

C - CAMINERO.

73 ¿QUIÉN HA DISPUTADO MAYOR NÚMERO DE PARTIDOS COMO ENTRENADOR DEL ATLÉTICO DE MADRID?

A - QUIQUE SÁNCHEZ FLORES.

B - LUIS ARAGONÉS.

C - RADOMIR ANTÍC.

74 ¿QUIÉN MARCÓ EL SEGUNDO GOL DE LA FINAL DE HAMBURGO EN 2010?

A - JOSÉ ANTONIO REYES.

B - DIEGO COSTA.

C - DIEGO FORLÁN.

75 ¿EN QUÉ CIUDAD SE JUGÓ LA FINAL DE LA COPA DE EUROPA DE 1974?

A - GLASGOW.

B - PARÍS.

C - BRUSELAS.

76 ¿QUIÉN FUE EL PRIMER PATROCINADOR DE LAS CAMISETAS DEL ATLÉTICO DE MADRID?

A - MARBELLA.

B - MITA.

C - TEKA.

77 ¿CUÁL DE ESTOS JUGADORES PASÓ POR EL ATLÉTICO, EL BARÇA Y EL REAL MADRID?

A - MICHAEL LAUDRUP.

B - HUGO SÁNCHEZ.

C - BERND SCHUSTER.

78 ¿QUIÉN HA MARCADO MÁS FALTAS EN LOS ATLETI - BARÇA DEL SIGLO XXI?

A - MESSI.

B - RONALDINHO.

C - SIMAO.

79 ¿QUIÉN HA SIDO EL PRIMER ANOTADOR DE UN GOL EN EL WANDA METROPOLITANO?

A - DIEGO COSTA.

B - ANTOINE GRIEZMANN.

C - FILIPE LUIS.

80 ¿COMO SE LE LLAMÓ A LA UNION DE JOAQUÍN PEIRÓ Y ENRIQUE COLLAR?

A - LOS DIVINOS.

B - EL DÚO DINÁMICO.

C - EL ALA INFERNAL.

81 ¿A QUÉ EQUIPO VENCE EL ATLETI PARA CONSEGUIR SU PRIMERA SUPERCOPA DE EUROPA EN 2010?

A - AL AJAX.

B - A LA JUVENTUS.

C - AL INTER DE MILÁN.

82 ¿QUIÉN ERA SU ENTRENADOR CUANDO EL ATLÉTICO DE MADRID CONSIGUIÓ SU NOVENO TÍTULO DE LIGA?

A - QUIQUE SÁNCHEZ FLORES.

B - LUÍS ARAGONÉS.

C - RADOMIR ANTIC.

83 ¿QUÉ JUGADOR NO HA JUGADO EN EL ATLÉTICO DE MADRID Y EN EL BARÇA?

A - GUILLERMO AMOR.

B - SIMAO SABROSA.

C - SERGI BARJUÁN.

84 ¿ANTE QUÉ EQUIPO DEBUTÓ FERNANDO TORRES EN PRIMERA DIVISIÓN?

A - REAL MADRID.

B - FC BARCELONA.

C - MÁLAGA.

"¿Irme al Madrid? No, estoy en el equipo más grande del mundo. Aunque la historia no dice eso, sí lo dice mi corazón".

Paolo Futre.

85 ¿CONTRA QUIÉN GANÓ EL ATLÉTICO DE MADRID LA SU-PERCOPA DE ESPAÑA EN LA TEMPORADA 85/86?

A - FC BARCELONA.

B - REAL MADRID.

C - VALENCIA CF.

86 ABEL RESINO LOGRÓ UN RECORD DE IMBATIBILIDAD DURANTE 14 JORNADAS AL ESTAR ¿CUÁNTOS MINUTOS SIN ENCAJAR UN GOL?

A - 970.

B - 1112.

C - 1275.

87 ¿CUÁL FUE EL RESULTADO QUE DIO LA OCTAVA COPA DEL REY AL ATLETI CONTRA EL REAL MADRID EN 1992?

A - 2-0.

B - 3-1.

C - 4-2.

88 ¿CUÁL FUE EL PRIMER TÍTULO OBTENIDO POR EL ATLÉTICO DE MADRID?

A - LIGA ESPAÑOLA.

B - CAMPEONATO REGIONAL DE LA FEDERACIÓN CENTRO.

C - COPA DEL REY.

89 ¿QUIÉN ES EL SEGUNDO ENTRENADOR DEL ATLÉTICO DE MADRID? (A FECHA 2023)

A - GREGORIO MANZANO.

B - ÓSCAR "PROFE" ORTEGA.

C - GERMÁN BURGOS.

90 ¿QUIÉN ERA EL ENTRENADOR DEL ATLETI CUANDO GANÓ SU SEXTA LIGA EN LA TEMPORADA 69/70?

A - MIGUEL GONZÁLEZ.

B - MARCEL DOMINGO.

C - MAX MERKEL.

91 ¿CUÁNTAS FINALES DE CHAMPIONS HA JUGADO FERNANDO TORRES?

A - DOS.

B - UNA.

C - TRES.

92 EL ATLÉTICO SE PROCLAMÓ CAMPEÓN DE LA PRIMERA EDICIÓN DE LA UEFA EUROPA LEAGUE EN 2010 ¿CONTRA QUIÉN?

A - AJAX.

B - FULHAM FC.

C - JUVENTUS.

93 ¿Y CUÁL FUE EL RESULTADO DE ESE ENCUENTRO?

A - 2-1.

B - 1-0.

C - 3-0.

94 ¿DÓNDE SE SELLÓ LA OCTAVA LIGA DEL ATLÉTICO DE MADRID?

A - EN EL BERNABÉU.

B - EN EL VICENTE CALDERÓN.

C - EN EL CAMP NOU.

95 TRAS BAJAR A 2ª DIVISION, ¿CON QUÉ ENTRENADOR REGRESÓ EL ATLÉTICO DE MADRID A 1ª?

A - CON RADOMIR ANTIC.

B - CON LUIS ARAGONÉS.

C - CON QUIQUE SÁNCHEZ FLORES.

96 ¿CON QUÉ EQUIPO SE FUSIONÓ EL ATLÉTICO DE MADRID EN 1939?

A - CON NINGUNO.

B - CON EL CIVILES DE MADRID.

C - CON EL AVIACIÓN NACIONAL.

"Hay que tener fe, hay que tener convicción, hay que tener coraje, hay que asumir ciertos desafíos, porque el que no asume no arriesga, y el que no arriesga, no gana"

Diego Pablo Simeone.

97 ¿EN QUÉ FECHA CONSIGUIÓ EL ATLÉTICO DE MADRID LA SÉPTIMA COPA DEL REY?

A - 29 JUNIO 1991.

B - 29 JULIO 1990.

C - 2 MAYO 1991.

98 ¿DÓNDE COMENZÓ SU CARRERA PROFESIONAL LUIS ARAGONÉS?

A - EN EL ATLÉTICO DE MADRID.

B - EN EL LEGANÉS.

C - EL EL EIBAR.

99 EL VICENTE CALDERÓN FUE EL PRIMER ESTADIO DE LAS GRANDES LIGAS DE EUROPA QUE CONTABA CON ASIENTOS PARA TODO EL AFORO.

A - VERDADERO.

B - FALSO.

100 ¿EN QUÉ AÑO DEBUTA COMO PROFESIONAL DIEGO SIMEONE?

A – 1990.

B – 1987.

C – 1980.

101 ¿CUÁNTAS TEMPORADAS LLEVA EL ATLÉTICO DE MADRID EN PRIMERA DIVISIÓN? (A FECHA 2023)

A – 86.

B – 73.

C – 80.

102 ¿CUÁL ES LA MÁXIMA VICTORIA DISPUTADA EN CASA POR EL ATLÉTICO DE MADRID?

A – 7-1 CONTRA EL ALAVÉS.

B – 8-0 CONTRA OSASUNA.

C – 9-0 CONTRA EL HÉRCULES.

103 EL KUN AGÜERO ES CAMPEÓN OLÍMPICO CON LA SELECCIÓN ARGENTINA.

A - VERDADERO.

B - FALSO.

104 PAULO FUTRE NACIÓ EN EL AÑO:

A - 1970.

B - 1966.

C - 1956.

105 ¿DE QUÉ NACIONALIDAD ES SIMÃO PEDRO FONSECA?

A - BRASILEÑO.

B - PORTUGUÉS.

C - ARGENTINO.

106 ¿CUÁL FUE ESTADIO DEL ATLÉTICO DE MADRID?

A - CAMPO DE VALLECAS.

B - CAMPO DE LA CALLE O'DONNELL.

C - LOS DOS LO FUERON.

107 ¿QUÉ POSICIÓN OCUPABA DIEGO SIMEONE COMO FUTBOLISTA?

A - CENTROCAMPISTA.

B - DELANTERO.

C - DEFENSA.

108 EL ATLÉTICO DE MADRID SE FUNDÓ POR UN GRUPO DE SIMPATIZANTES DEL ATHLETIC DE BILBAO.

A - VERDADERO.

B - FALSO.

109 A LOS DEL ATLÉTICO DE MADRID SE LES LLAMA "COL-CHONEROS" PORQUE...

A - DORMÍAN MUCHO EN LAS CONCENTRACIONES.

B - LA EMPRESA PATROCINADORA VENDÍA COLCHONES.

C - EL UNIFORME ROJIBLANCO TENÍA LOS COLORES DE LAS FUNDAS DE LOS COLCHONES DE LA ÉPOCA.

110 ¿QUÉ ENTRENADORES HAN DIRIGIDO TANTO AL ATLÉTICO DE MADRID COMO AL FC BARCELONA?

A - MENOTTI Y LUIS ARAGONÉS.

B - SIMEONE Y RANIERI.

C - LUIS ARAGONÉS Y RANIERI.

111 ¿CUÁL ES EL FICHAJE MÁS CARO DE LA HISTORIA ROJIBLANCA? (A FECHA 2023)

A - RADAMEL FALCAO.

B - ANTOINE GRIEZMANN.

C - JOAO FÉLIX.

"Es que es inexplicable, se es o no se es del Atlético de Madrid con todas sus consecuencias".

Jorge Mendoza.

112 ¿CUÁNTOS GOLES MARCÓ ROMAN KOSECK DURANTE SUS 2 TEMPORADAS EN EL CLUB ROJIBLANCO?

A - 8 GOLES.

B - 14 GOLES.

C - 19 GOLES.

113 ¿CÓMO CELEBRABA KIKO NARVÁEZ SUS GOLES?

A - BAILANDO UNA SAMBA.

B - DÁNDOSE EN EL PECHO COMO UN GORILA.

C - COMO "EL ARQUERO".

114 ¿CUÁNTOS GOLES LE ENCAJÓ EL ATLÉTICO DE MADRID AL MALLORCA UN 7 DE FEBRERO DE 1988?

A - 9 GOLES.

B - 7 GOLES.

C - 5 GOLES.

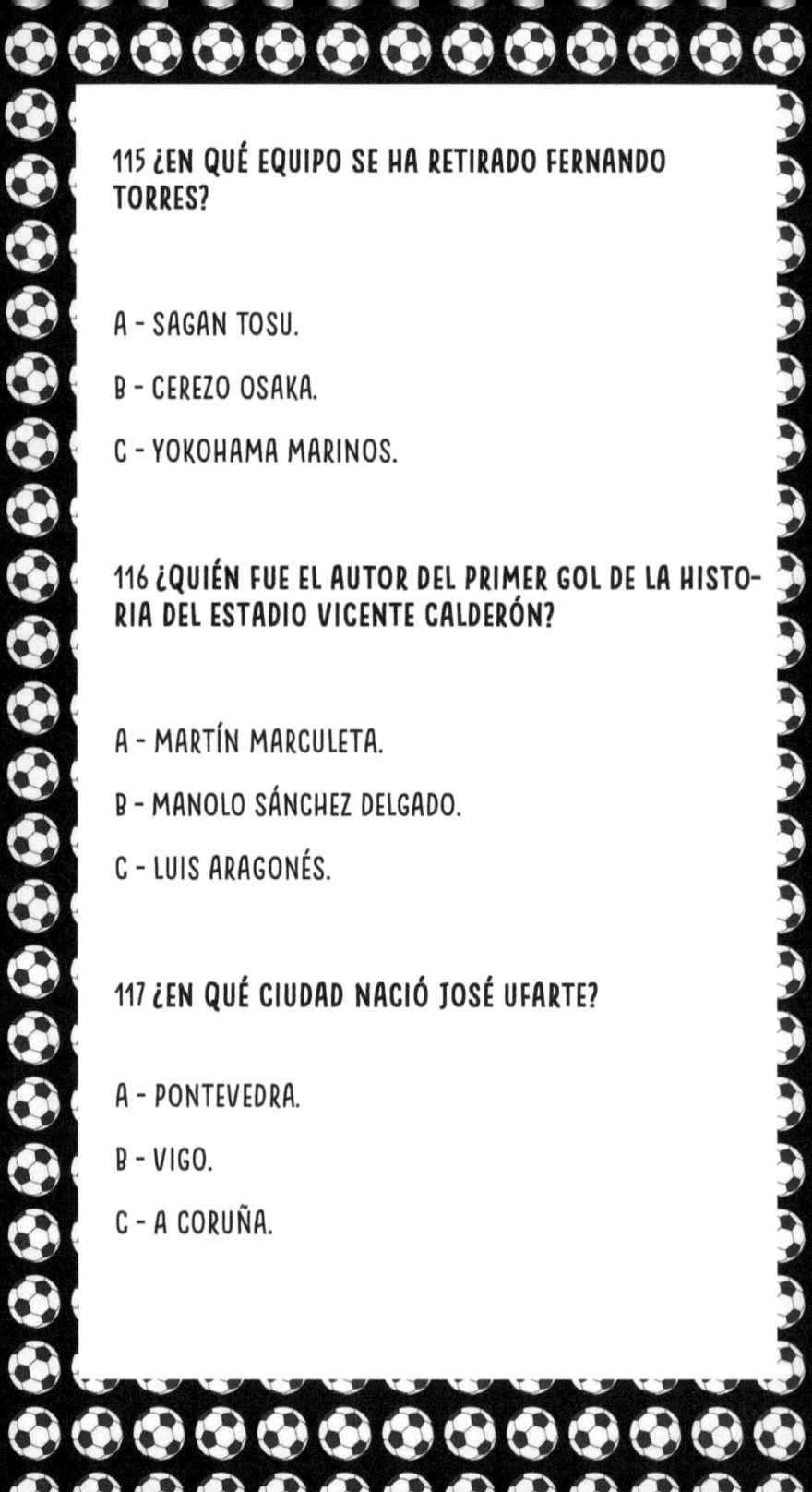

115 ¿EN QUÉ EQUIPO SE HA RETIRADO FERNANDO TORRES?

A - SAGAN TOSU.

B - CEREZO OSAKA.

C - YOKOHAMA MARINOS.

116 ¿QUIÉN FUE EL AUTOR DEL PRIMER GOL DE LA HISTORIA DEL ESTADIO VICENTE CALDERÓN?

A - MARTÍN MARCULETA.

B - MANOLO SÁNCHEZ DELGADO.

C - LUIS ARAGONÉS.

117 ¿EN QUÉ CIUDAD NACIÓ JOSÉ UFARTE?

A - PONTEVEDRA.

B - VIGO.

C - A CORUÑA.

118 ÁNGEL CORREA PROVIENE DE UNA FAMILIA NUMEROSA COMPUESTA POR ¿CUÁNTOS HERMANOS?

A - DIEZ.

B - OCHO.

C - QUINCE.

119 ¿EN QUÉ POSICIÓN JUGABA BERND SCHUSTER COMO FUTBOLISTA?

A - DELANTERO.

B - CENTROCAMPISTA.

C - DEFENSA.

120 EL 30 DE OCTUBRE DE 1999 SE VIVIÓ UNA BRILLANTE VICTORIA DEL ATLÉTICO DE MADRID EN EL BERNABÉU, ¿QUIÉN FUE EL HÉROE DE ESE PARTIDO?

A - KIKO NARVÁEZ.

B - MARCOS MÁRQUEZ.

C - JIMMY FLOYD HASSELBAINK.

SOLUCIONES:

1: B – 5-0.

2: C –LUIS ARAGONÉS.

3: B – 1903.

4: A – EL INGENIERO DEL ÁREA.

5: C – IMITA EL BAILE DEL RAPERO CANADIENSE DRAKE.

6: A – VERDADERO.

7: A – EL AMARILLO.

8: C – INDEPENDIENTE.

9: A – ARDA TURÁN.

10: A – UMBRO.

11: C – FERNANDO TORRES.

12: A – 1939-1940.

13: C – 105 × 68 M.

14: A – FC PORTO.

15: C – 0-3.

16: B – EL ENTONCES PRÍNCIPE DE ASTURIAS, DON FELIPE.

17: A – 17 AÑOS.

18: B – CONTRA EL ATHLETIC DE BILBAO.

SOLUCIONES:

19: A – 550.

20: B – COLOMBIANA.

21: C – ATHLETIC DE BILBAO.

22: B – EL 22 DE ENERO DE 1911.

23: C – AL ESPANYOL.

24: B – LUIS ARAGONÉS.

25: A – JAN OBLAK.

26: C – 90 PUNTOS.

27: B – 23 DE OCTUBRE DE 1992.

28: A – 14 GOLES.

29: B – 10 AÑOS.

30: A – 3 TÍTULOS DE LIGA.

31: C – 16 MAYO 2018.

32: B – EN 2017.

33: A – VERDADERO.

34: C – INDI.

35: B – UN MAPACHE.

36: C – DELANTERO.

SOLUCIONES:

37: C - DOS.

38: A - 2014.

39: B - JAN OBLAK.

40: C - KIKO.

41: A - BAYERN MUNICH.

42: B - REAL MADRID.

43: A - CROATA.

44: B - LOS DIBUJOS ANIMADOS OLIVER Y BENJI.

45: B - EL GENIO DEL CALDERÓN.

46: A - SÍ.

47: B - DIEGO GODÍN.

48: A - DELANTERO.

49: B - EL PRINCIPITO.

50: A - ATHLETIC DE BILBAO.

51: B - 1959 A 1976.

52: C - 68.456.

53: A - 28 DE JULIO DE 1938.

54: C - EL 9.

SOLUCIONES:

55: B – 27.

56: A – 2011.

57: B – GREGORIO MANZANO.

58: A – COURTOIS.

59: B – COMO ENTRENADORES.

60: C – SALVA BALLESTA.

61: B – KOKE RESURRECIÓN.

62: A – LUBO PENEV.

63: B – UN EQUIPO SE HA PRESENTADO SIN ENTRENADOR.

64: C – 1999/2000.

65: A – 2002.

66: B – LA DELANTERA DE SEDA.

67: C – XAVI.

68: A – AL EIBAR.

69: A – 92.

70: B – AZUL Y BLANCA.

71: C – SIMÃO SABROSA.

72: B – FERNANDO TORRES.

SOLUCIONES:

73: B - LUIS ARAGONÉS.

74: C - DIEGO FORLÁN.

75: C - BRUSELAS.

76: B - MITA.

77: C - BERND SCHUSTER.

78: A - MESSI.

79: B - ANTOINE GRIEZMANN.

80: C - EL ALA INFERNAL.

81: C - AL INTER DE MILÁN.

82: C - RADOMIR ANTIC.

83: A - GUILLERMO AMOR.

84: B - FC BARCELONA.

85: A - FC BARCELONA.

86: C - 1275.

87: A - 2-0.

88: B - CAMPEONATO REGIONAL DE LA FEDERACIÓN CENTRO.

89: C - GERMÁN BURGOS.

90: B - MARCEL DOMINGO.

SOLUCIONES:

91: A - DOS.

92: B - FULHAM FC.

93: A - 2-1.

94: A - EN EL BERNABÉU.

95: B - CON LUIS ARAGONÉS.

96: C - CON EL AVIACIÓN NACIONAL.

97: A - 29 JUNIO 1991.

98: B - EN EL LEGANÉS.

99: A - VERDADERO.

100: B - 1987.

101: A - 86.

102: C - 9-0 CONTRA EL HÉRCULES.

103: A - VERDADERO.

104: B - 1966.

105: B - PORTUGUÉS.

106: C - LOS DOS LO FUERON.

107: A - CENTROCAMPISTA.

108: A - VERDADERO.

SOLUCIONES:

109: C – EL UNIFORME ROJIBLANCO TENÍA LOS COLORES DE LAS FUNDAS DE LOS COLCHONES DE LA ÉPOCA.

110: A – MENOTTI Y LUIS ARAGONÉS.

111: C – JOAO FÉLIX.

112: B – 14 GOLES.

113: C – COMO "EL ARQUERO".

114: B – 7 GOLES.

115: A – SAGAN TOSU.

116: C – LUIS ARAGONÉS.

117: A – PONTEVEDRA.

118: A – DIEZ.

119: B – CENTROCAMPISTA.

120: C – JIMMY FLOYD HASSELBAINK.

PUNTUACIONES:

JUGADOR 1:

JUGADOR 2:

JUGADOR 3:

JUGADOR 4:

"El Atlético es la grada, un sentimiento mágico mucho más importante que los jugadores que estamos sobre el campo".

Fernando Torres.

¿CUÁNTO SABES DEL ATLETI?